Sur le contrôle de nos vies

NOAM CHOMSKY

Sur le contrôle de nos vies

Traduit de l'anglais par
HÉLOÏSE ESQUIÉ

IDEM • VELLE
AC • IDEM • NOLLE

ÉDITIONS ALLIA
16, RUE CHARLEMAGNE, PARIS IVe
2016

Cette conférence a été prononcée à Albuquerque, au Nouveau-Mexique, le 26 février 2000, à l'occasion du vingtième anniversaire de l'*Interhemispheric Resource Center* (Centre de documentation intercontinental). Elle a été partiellement reprise dans le livre *Rogue States* (Londres, Pluto Press, 2000), sous le titre "Socioeconomic Sovereignty". Une première édition de ce texte a été publiée aux éditions Allia en mars 2001 sous le titre *La Conférence d'Albuquerque*. C'est le même texte qui est ici repris sous ce nouveau titre.

ON PEUT sans exagération affirmer que la tentative pour prendre le contrôle de nos propres vies est un trait essentiel de l'histoire du monde, qui a connu un crescendo au cours des derniers siècles, marqués par des changements spectaculaires tant dans les relations humaines que dans l'ordre mondial. Le sujet est bien trop vaste pour qu'on essaie d'en faire le tour ici. Il me faudra en réduire considérablement le champ. Je m'en tiendrai tout d'abord à ses récentes manifestations et à certaines de leurs racines, en gardant un œil sur ce qu'elles pourraient réserver dans le futur. Je me cantonnerai également au domaine de la politique internationale, qui est loin d'être le seul où ces questions se posent.

Durant l'année qui vient de s'écouler, les problèmes mondiaux se sont pour la plupart articulés autour de la notion de souveraineté, c'est-à-dire le droit des entités politiques à suivre leur propre voie, bonne ou mauvaise, et à le faire sans ingérence de l'extérieur. Dans la réalité, il y a bien ingérence et elle est le fait d'un pouvoir extrêmement concentré, dont le centre principal se trouve aux États-Unis.

Ce pouvoir mondial concentré prend différents noms, selon qu'on songe à tel ou tel aspect de la souveraineté et de la liberté. C'est ainsi qu'on l'appelle parfois consensus de Washington, complexe de Wall Street et du Trésor, OTAN, ou bureaucratie économique internationale (l'Organisation mondiale du Commerce, la Banque mondiale et le FMI), ou G-7 (les pays occidentaux riches et industrialisés), ou G-3, ou en général, et de façon plus appropriée, G-1. Pour aller au fond des choses, certes de façon moins concise, nous pourrions le décrire comme un ensemble de sociétés géantes [*megacorporations*[1]], souvent liées les unes aux autres par des accords stratégiques, administrant une économie mondiale qui est, en fait, une forme de mercantilisme régi par des sociétés qui tendent vers l'oligopole dans la plupart des secteurs, et ont largement recours à l'État lorsqu'il s'agit de faire supporter à la société les risques et les coûts ou de mettre au pas les éléments récalcitrants.

1. L'anglais "corporation" dont dérivent "corporate", "corporatism", "corporatization" [corporatisation] n'a pas le même sens qu'en français. Une "corporation" est une société, une entreprise constituée en personne morale selon la loi de 1886, de taille importante. (N.d.T.)

L'année passée, les questions de souveraineté ont revêtu deux aspects. D'abord le droit souverain d'être à l'abri d'une intervention militaire. Nous sommes ici dans un ordre mondial qui repose sur le principe de la souveraineté des États. En second lieu s'est posée la question des droits souverains face à une intervention socio-économique. Et nous sommes là dans un monde dominé par les multinationales, en particulier, ces dernières années, les institutions financières et toute la structure mise en place pour servir leurs intérêts ; les problèmes qui furent soulevés de manière spectaculaire à Seattle en novembre dernier en sont un exemple.

La première catégorie, l'intervention militaire, a fait récemment la une de l'actualité. L'attention s'est portée sur deux cas qui ont pris une signification et une importance particulières : le Timor oriental et le Kosovo, non dans cet ordre d'ailleurs, ce qui est intéressant dans la mesure où l'on ne respecte ainsi ni la chronologie ni la portée des événements. Il y aurait beaucoup à dire sur ces questions, à la lumière de nombreuses informations récentes mais, à contrecœur, je laisserai ce sujet de côté. C'est un thème vaste, important et riche d'enseignements, mais le temps nous est compté. Aussi permettez-moi de passer au second sujet, le seul que je traiterai (toujours en abrégeant) : celui de la souveraineté, de la liberté et des droits de l'homme, soit le genre de questions qui se pose dans l'arène socio-économique, domaine auquel je me cantonnerai.

D'abord une remarque d'ordre général ; la souveraineté n'est pas une valeur en soi. Ce n'est une valeur que dans la mesure où elle a partie liée avec la liberté et les droits, qu'elle les accroisse ou les diminue. Je partirai d'un principe qui peut paraître évident, mais qui est en fait controversé, à savoir que lorsque nous parlons de liberté et de droits, nous faisons référence à des êtres humains, c'est-à-dire des personnes en chair et en os, et non à des constructions politiques et légales comme des entreprises, des États ou des montages de capitaux. Si de telles entités ont quelques droits quels qu'ils soient, ce qui ne va pas de soi, ceux-ci devraient être dérivés du droit des gens. C'est le cœur de la doctrine progressiste classique. C'est aussi le principe qui a guidé les luttes populaires depuis des siècles, mais il se heurte à une très forte opposition. S'y oppose la doctrine officielle. S'y opposent ceux qui possèdent la richesse et les privilèges, et cela aussi bien dans le domaine politique

que dans le domaine socio-économique. Je vous demanderai de mettre de côté cette question quelques minutes pour planter rapidement le décor.

Dans le domaine politique, le slogan classique est "souveraineté populaire dans un gouvernement du peuple, par le peuple et pour le peuple", mais la structure en place est bien différente. Selon la structure en place, le peuple est considéré comme un ennemi dangereux. Il doit être contrôlé pour son propre bien. Ce qui nous ramène des siècles en arrière, aux premières révolutions démocratiques modernes, dans l'Angleterre du XVIIe siècle et dans les colonies nord-américaines au siècle suivant. Dans les deux cas, les démocrates furent vaincus – pas complètement et certainement pas pour toujours, loin de là. Dans l'Angleterre du XVIIe siècle, une grande partie de la population ne voulait être gouvernée ni par un roi ni par un parlement. Ces deux-là sont, dans la version traditionnelle de la guerre civile, les deux adversaires ; mais, comme dans la plupart des guerres civiles, une bonne partie de la population les rejetait l'un comme l'autre. Ainsi que le montrent les pamphlets de l'époque, le peuple voulait être gouverné "par des gens de la campagne comme nous, qui connaissent nos aspirations" et non par "des chevaliers et des gentlemen qui nous font des lois, qui sont choisis par peur et ne font que nous opprimer, et ne connaissent rien des misères du peuple[1]".

Ce sont ces mêmes idées qui animaient les fermiers rebelles des colonies un siècle plus tard, mais le système constitutionnel qui résulta de leur révolte fut conçu dans une optique toute différente. Il fut conçu pour stopper cette hérésie. Le but était "de protéger la minorité des nantis de la majorité" et de s'assurer que "le pays serait gouverné par ceux qui le possèdent". Ce sont les propres mots du principal rédacteur de la constitution, James Madison, et du président du Congrès continental et premier magistrat de la Cour suprême, John Jay. Leur conception prévalut, mais les conflits perdurèrent. Ils ne cessent de prendre de nouvelles formes, ils sont encore vivants aujourd'hui. Quoi qu'il en soit, la doctrine de l'élite demeure, dans ses principes, inchangée[2].

1. Cf. N. Chomsky, *Deterring Democracy*, Hill & Wang, 1992, chap. 12.
2. Au sujet de Madison, cf. N. Chomsky, *Power and prospects*, South End Press, 1996, chap. 5. Pour prolonger le débat,

Sautons les étapes pour arriver au vingtième siècle (je ne retiendrai ici que le côté prétendument démocrate ou progressiste de l'échiquier politique – c'est plus rude sur l'autre versant). Aujourd'hui les peuples sont considérés comme "des étrangers au système, ignorants et importuns", dont le rôle est celui de "spectateurs" et non de "participants", hormis en de périodiques occasions où ils ont le droit de choisir parmi les représentants du pouvoir privé [1]. C'est ce qu'on appelle les élections. Au cours des élections, l'opinion publique est considérée comme essentiellement négligeable si elle entre en conflit avec les exigences de la minorité des nantis qui possèdent le pays. Nous en avons en ce moment même, très concrètement, l'illustration sous les yeux.

cf. N. Chomsky, "Consent without consent : Reflections on the Theory and Practice of Democracy", *Cleveland State Law Review* 44.4. ,1996. Au sujet de Jay, cf. Frank Monaghan, *John Jay*, Bobbs-Merrill, 1935, p. 323.

1. Walter Lippmann. Pour élargir le débat, cf. N. Chomsky, *Towards a New Cold War*, Pantheon Books, 1982, chap. 1 et 2; *Necessary Illusions*, South End Press, 1989, chap. 1 ; *Deterring Democracy*, *op. cit.*, chap. 12. En ce qui concerne le contexte général, voir le travail original d'Alex Carey, notamment ses essais réédités dans *Taking the Risk Out of Democracy*, Univ. of New South Wales Press, 1995.

Un exemple frappant (il n'en manque pas) peut être trouvé dans l'ordre économique international – je veux parler de ce qu'on appelle les accords commerciaux. La population, comme le prouvent très clairement les scrutins, est fortement opposée, dans l'ensemble, au cours que prennent les choses, mais cette opposition ne parvient pas à se traduire dans les faits. Les élections n'offrent pas d'issue car les centres de décision – la minorité des nantis – se rejoignent pour instituer une forme particulière d'ordre socio-économique. Ce qui empêche le problème de trouver son expression. Les choses dont on discute ne touchent les électeurs que de loin : questions de personnes ou de réformes dont ils savent qu'elles ne seront pas appliquées. Voilà ce dont on discute, non ce qui intéresse les gens. Cas d'école, et qui vient renforcer notre hypothèse que le rôle de ce public d'étrangers au système, ignorants et importuns, est d'être de simples spectateurs. Quand le peuple, comme il lui arrive souvent, cherche à s'organiser et à investir l'arène politique, pour jouer un rôle et défendre ses propres intérêts, alors il y a problème. Ce n'est pas la démocratie, c'est une “crise de la démocratie”, qui doit être surmontée.

Une fois de plus, je cite. Toutes ces citations proviennent du versant démocrate, progressiste, de l'échiquier politique moderne, mais les principes en sont très largement partagés. Les vingt-cinq dernières années furent l'une de ces périodes qui reviennent régulièrement, où une campagne de vaste envergure a été menée pour tenter de mettre fin à ce qui était perçu comme une crise de la démocratie et ramener le peuple à son juste rôle de spectateur apathique, passif et obéissant. Voilà pour le domaine politique.

Tout ceci a son pendant dans le domaine socio-économique. Celui-ci a été agité de conflits parallèles, étroitement liés aux premiers depuis bien longtemps. À l'aube de la révolution économique aux États-Unis, il y a cent cinquante ans, il existait en Nouvelle-Angleterre une presse ouvrière indépendante très active dirigée par des jeunes femmes des fermes ou, en ville, par des artisans. Ils stigmatisaient la "dégradation et la soumission" induites par le système industriel naissant, qui obligeait les gens à se louer pour survivre. Il est aussi nécessaire que, peut-être, difficile, d'imaginer que le travail salarié n'était alors pas loin d'être considéré comme une véritable forme d'esclavage, non seulement par les travailleurs des fabriques, mais par une grande partie de l'opinion commune – voir Abraham Lincoln, le Parti Républicain, ou même certains éditoriaux du *New York Times* (qu'ils préféreraient peut-être oublier aujourd'hui). Les travailleurs s'opposaient au retour dans le système industriel de ce qu'ils appelaient des "principes monarchiques", et arguaient que ceux qui travaillaient dans les manufactures devraient en être les propriétaires – l'essence même du républicanisme. Ils dénonçaient "le nouvel esprit de l'époque – la richesse au mépris de tout sauf de son propre intérêt", une vision avilissante et dégradante de la vie humaine qu'on doit implanter dans le cerveau des gens au prix d'un immense effort, lequel ne s'est pas relâché depuis des siècles[1].

Au XXe siècle, l'industrie des relations publiques a produit une abondante littérature qui fournit une très riche et instructive réserve de recommandations sur la façon d'instiller le "nouvel esprit de l'époque", en créant des besoins artificiels ou en (je cite) "enrégimentant l'opinion publique comme une armée enrégimente ses soldats", en suscitant une

1. Cf. N. Chomsky, *Power and Prospects*, *op. cit.*, chap. 4.

"philosophie de la futilité" et de l'inanité de l'existence, ou encore en concentrant l'attention humaine sur "les choses plus superficielles qui font l'essentiel de la consommation à la mode" (Edward Bernays)[1]. Si cela réussit, alors les gens accepteront les existences dépourvues de sens et asservies qui sont leur lot, et ils oublieront cette idée subversive : prendre le contrôle de sa propre vie.

Il s'agit là d'un projet d'ingénierie sociale de grande envergure. Projet très ancien, mais qui a pris une intensité et une ampleur démesurées au cours du dernier siècle. Ses procédés sont nombreux. Certains appartiennent au genre que je viens d'indiquer, et sont trop familiers pour avoir besoin d'illustration. D'autres consistent à saper la sécurité et, là non plus, les moyens ne manquent pas. Pour saper la sécurité, on peut, par exemple, faire appel à la menace de mutation professionnelle. Une des conséquences majeures et, selon toute rationalité, l'un des buts majeurs de ce qu'on appelle à tort les "accords commerciaux" (j'insiste sur "à tort" parce que ces

1. Sur Bernays, cf. chap. 9, p. 120 et note 28, in N. Chomsky, *Rogue States*, Pluto Press, 2000 et Stuart Ewen, *Captains of consciousness*, McGraw-Hill, 1976.

accords ne relèvent pas du libre échange – ils comportent toutes sortes d'éléments qui vont à l'encontre du marché – et il ne s'agit certainement pas d'accords, du moins si l'avis des gens a quelque importance, dans la mesure où ceux-ci s'y opposent pour la plupart), une conséquence de ces arrangements, dis-je, est de renforcer la menace – qui n'a pas besoin d'être mise à exécution, même si elle l'est parfois, la menace suffit – de mutation professionnelle, bonne manière d'asseoir la discipline tout en sapant la sécurité.

Un autre mécanisme, pardonnez le jargon technique, consiste à renforcer ce qu'on appelle "la flexibilité du marché du travail". Permettez-moi de citer la Banque mondiale qui exposa les choses très clairement. "Il est essentiel d'accroître la flexibilité du marché du travail – même si ce terme a acquis la mauvaise réputation d'être un euphémisme, synonyme de diminution des salaires et de licenciement des travailleurs [ce qui est exactement le cas] dans toutes les régions du monde… Les réformes les plus importantes impliquent la levée des contraintes pesant sur la mobilité du travail et la flexibilité des salaires, aussi bien que la suppression dans les contrats de travail de toute référence aux services sociaux"[1]. Ce qui signifie supprimer les avantages et les droits acquis en des générations de haute lutte.

Quand ils parlent de lever les contraintes sur la flexibilité des salaires, ils ont en vue la flexibilité vers le bas, non vers le haut. De même, la mobilité du travail ne signifie pas le droit pour les gens de déménager où ils l'entendent, comme le voulait la théorie du libre échange depuis Adam Smith, mais plutôt le droit de licencier des employés à volonté. Et dans la version actuelle de la mondialisation, celle des investisseurs, les capitaux et les compagnies doivent être libres de se déplacer, mais non les gens, car leurs droits sont secondaires, accessoires.

Les "réformes essentielles", ainsi que les appelle la Banque mondiale, sont imposées dans une grande partie du monde comme conditions à la ratification de la politique des pays en question par la Banque mondiale et le FMI. Elles sont introduites dans les pays industrialisés par d'autres moyens, et elles

1. Banque Mondiale, *World Development Report*, 1995. Cité et commenté par Jerome Levinson, "The International Financial System : A Flawed Architecture", in *Fletcher Forum* 23:1, hiver-printemps 1999.

ont prouvé leur efficacité. Alan Greenspan a déclaré devant le Congrès qu'une "plus grande insécurité du travailleur" était un facteur important dans ce qu'on appelle "l'économie de contes de fées". Elle maintient l'inflation à un bas niveau, les travailleurs n'osant pas réclamer d'augmentations et d'avantages sociaux. Ils sont en situation d'insécurité. Et cela se lit assez clairement dans les statistiques. Au cours des vingt-cinq dernières années, cette période de baisse forcée des prix, de crise de la démocratie, les salaires ont stagné ou diminué pour la majorité de la main d'œuvre, pour les travailleurs de base, et les heures de travail ont très sévèrement augmenté – elles sont devenues dans notre pays les plus élevées du monde industriel – ce qui n'a pas échappé, bien sûr, à la presse d'affaires, qui décrit ce processus comme "un développement opportun d'une importance transcendante", se félicitant de voir les travailleurs obligés d'abandonner leurs "modes de vie luxueux", tandis que les profits des entreprises sont "éblouissants" et "prodigieux" (*Wall Street Journal*, *Business Week* et *Fortune*).

Dans les dépendances, on peut faire usage de mesures moins délicates. L'une d'entre elles consiste en la fameuse “crise de la dette”, attribuable dans une large mesure aux programmes politiques de la Banque mondiale et du FMI dans les années 70, et au fait que les riches du tiers-monde sont, pour la plupart, dépourvus d’obligations sociales. C’est dramatiquement vrai en Amérique latine, dont c’est l’un des problèmes majeurs. Il y a bien une “crise de la dette”, mais il est nécessaire d’y regarder de près pour déterminer sa nature. Ce n’est en aucune façon un simple fait économique. C’est, en grande partie, une construction idéologique. Ce qu’on appelle la “dette” pourrait être surmonté, et largement surmonté, de nombre de façons très élémentaires [1].

Une de celles-ci consisterait à recourir au principe capitaliste selon lequel c’est aux emprunteurs de payer et aux prêteurs de prendre le risque. Ainsi, par exemple, si vous me prêtez de l’argent, que je l’expédie à ma banque de Zurich et achète une Mercedes, et que vous venez me réclamer la somme, je ne suis pas censé pouvoir dire “désolé, je ne l’ai pas. Adressez-vous à mon voisin”. Et si vous

1. Cf. N. Chomsky, *Rogue States*, *op. cit.*, chap. 8.

voulez prêter de l'argent, vous n'êtes pas censé pouvoir dire "c'est mon voisin qui en assumera les conséquences".

C'est pourtant de cette façon que fonctionnent les choses dans l'arène internationale. Voilà l'essence même de la "crise de la dette". Ce ne sont pas les gens qui ont emprunté – les dictateurs militaires, leurs acolytes, les riches et les privilégiés de sociétés fortement autoritaires que nous avons soutenues – qui sont censés rembourser la dette, eux n'ont pas à payer. Ainsi, prenons l'Indonésie, où la dette actuelle atteint à peu près 140 % du produit intérieur brut. L'argent fut accaparé par la dictature militaire et ses complices et bénéficia probablement à peut-être deux ou trois cents personnes à l'extérieur, mais c'est à la population de payer à travers de sévères mesures d'austérité. Et les prêteurs sont pour la plupart protégés de toute mésaventure. Ils jouissent de ce qui s'apparente à une assurance tous risques grâce à différents mécanismes de socialisation des coûts, qui retombent sur les contribuables occidentaux. C'est à ça que sert, entre autres, le FMI.

De même, la vaste dette latino-américaine ne diffère pas tant que ça du montant de la fuite des capitaux hors d'Amérique latine, ce qui suggère une manière simple de traiter la dette (ou une grande partie de la dette), si d'aventure on devait respecter le principe capitaliste lequel est, bien sûr, inacceptable. Il fait reposer le fardeau sur ceux qu'il ne faut pas, la minorité des nantis.

Il existe encore d'autres façons d'éliminer la dette, bien connues, et qui révèlent à quel point celle-ci est une construction idéologique. Une de celles-ci, différente du principe capitaliste, est ce principe juridique international qui fut introduit par les États-Unis quand ils "libérèrent" Cuba, comme on dit dans les manuels d'histoire, c'est-à-dire quand ils conquirent Cuba pour l'empêcher de se libérer tout seul de la tutelle de l'Espagne en 1898. Après quoi les États-Unis annulèrent la dette de Cuba envers l'Espagne, au motif parfaitement sensé que celle-ci avait été imposée sans le consentement de la population, de façon coercitive. Ce principe pénétra alors la loi internationale, en grande partie à l'initiative des Américains. On l'appelle principe de la dette inique. Une dette inique n'est pas valide; elle n'a pas à être payée. Il a été admis, entre autres par le directeur exécutif américain du FMI, que si ce principe s'appliquait aux victimes, et non aux seuls riches, la dette du tiers-monde serait en grande partie dissoute, parce qu'elle n'est pas valide. C'est une dette inique.

Mais ce n'est pas comme ça que cela se passe. La dette inique est une arme de contrôle très puissante et on ne saurait l'abandonner. Grâce à elle, de nos jours, la politique économique nationale d'à peu près la moitié de la population mondiale est en fait dirigée par des bureaucrates à Washington. De même, la moitié de la population mondiale (pas la même moitié, mais les deux se chevauchent) est sujette à des sanctions unilatérales de la part des États-Unis, autre forme de coercition qui, une fois de plus, mine sévèrement la souveraineté, et qui fut condamnée de façon répétée, tout récemment encore, par les Nations unies comme inacceptable, mais sans que cela change quoi que ce soit.

C'est par d'autres méthodes qu'on aboutit à des résultats similaires dans les pays riches. J'y reviendrai mais, auparavant, juste un mot au sujet de ce que nous ne devrions jamais nous permettre d'oublier, à savoir que les procédés utilisés dans les dépendances peuvent être très brutaux. Il y a quelques années se tint au Salvador une conférence organisée par les jésuites, qui abordait le plan de terrorisme d'État des années 80 et sa continuation depuis, à travers les politiques socio-économiques imposées par les vainqueurs. La conférence s'attacha particulièrement à ce qu'elle appela la "culture de terreur" résiduelle, qui persiste après que la terreur effective a décliné, et a pour effet de "domestiquer les aspirations de la majorité", qui renonce alors à toute idée d'"alternative aux demandes des puissants". Ils ont appris la leçon : There Is No Alternative – c'est TINA, selon la formule cruelle de Maggie Thatcher. L'idée est qu'il n'y a pas d'alternative – c'est devenu le slogan classique de la mondialisation telle que l'envisagent les multinationales. Dans les dépendances, la grande victoire des opérations terroristes a consisté à détruire les espérances qui avaient surgi en Amérique latine et centrale dans les années 70, inspirées par le peuple qui commençait à s'organiser dans toute la région et "l'option préférentielle pour les pauvres" de l'Église, laquelle fut sévèrement sanctionnée pour être sortie du droit chemin.

Une fois de plus, il y aurait là-dessus quantité de choses à dire et c'est à regret que je passe si rapidement, mais nous disposons de peu de temps. Quelquefois les leçons à tirer du passé se dessinent avec grande précision en peu de mots. Dans un torrent d'autocongratulation, nous nous félicitons aujourd'hui d'avoir suscité une vague de démocratie dans nos dépendances latino-américaines. La question est envisagée un peu différemment, et de façon plus précise, dans un article important et bien documenté dû à un des principaux spécialistes de la question, Thomas Carothers. Celui-ci, comme il le dit lui-même, écrit "du point de vue d'un initié", puisqu'il a travaillé aux "programmes de promotion de la démocratie" du ministère des Affaires étrangères de l'administration Reagan. Il est persuadé des bonnes intentions de Washington, mais il reconnaît qu'en pratique, l'administration Reagan cherchait à maintenir "l'ordre fondamental de sociétés qui n'ont rien de démocratique", à éviter un "changement dicté par le peuple" et, comme ses prédécesseurs, adoptait "des politiques pro-démocratiques en guise de soupape aux demandes de changements plus radicaux, mais ne cherchait immanquablement que des formes de changement démocratique limitées, imposées par le haut et qui ne risquaient pas d'ébranler les structures traditionnelles du pouvoir avec lesquelles les États-Unis sont alliées depuis longtemps". Presque exact – il serait encore plus exact de dire "les structures traditionnelles du pouvoir avec lesquelles les structures traditionnelles du pouvoir à l'intérieur des États-Unis sont alliées depuis longtemps" – et nous y sommes.

Carothers lui-même n'est guère satisfait du résultat, mais il décrit ce qu'il appelle "la critique progressiste" comme fondamentalement imparfaite. Cette critique, dit-il, laisse les vieux débats "sans solution", à cause de "son éternel point faible". L'éternel point faible est qu'elle n'offre pas d'alternative à la politique visant à rétablir les structures traditionnelles du pouvoir, en l'occurrence par l'usage de la terreur meurtrière qui laissa derrière elle quelque deux cent mille cadavres dans les années 80 et des millions de réfugiés, d'estropiés et d'orphelins dans des sociétés dévastées. Alors une fois de plus, TINA : il n'y a pas d'alternative [1].

À l'autre bout, sur le versant opposé de l'éventail politique, Robert Pastor, le principal spécialiste de l'Amérique latine du président Carter, très engagé du côté pacifiste, progressiste, de

1. Carothers, "The Reagan Years", in Abraham Lowenthal, éd., *Exporting Democracy*, Johns Hopkins Univ. Press, 1991 ; *In the Name of Democracy*, Univ. Of California Press, 1991 ; "Dithering in Central America", *New York Times Book Review*, 15 nov. 1998.

l'éventail admissible, rencontra le même dilemme. Il explique dans un livre intéressant pourquoi l'administration Carter a dû soutenir le régime meurtrier et corrompu de Somoza jusqu'au bout et, alors même que les structures traditionnelles du pouvoir se retournaient contre le dictateur, pourquoi les États-Unis (l'administration Carter) ont dû essayer de maintenir en place la garde nationale qu'ils avaient créée et entraînée, et qui s'en prenait alors à la population "avec une brutalité qu'un État réserve d'habitude à ses ennemis", pour reprendre sa formule. Tout cela fut fait dans les meilleures intentions sous le principe TINA, pas d'alternative. Et la raison en est la suivante : "Les États-Unis ne voulaient pas contrôler le Nicaragua ou les autres nations de la région, mais ils ne voulaient pas non plus que les évolutions y deviennent incontrôlées." Ils voulaient que les Nicaraguéens agissent de façon autonome "*sauf* (c'est lui qui souligne) si cette action venait à affecter négativement les intérêts des États-Unis"[1]. Aussi, en d'autres termes, les Latino-Américains ont le droit d'être libres, libres d'agir selon nos desiderata. Nous voulons qu'ils

1. *Condemned to Repetition*, Princeton Univ. Press, 1987.

puissent choisir leur propre destin, à condition qu'ils ne fassent pas de choix dont nous ne voulons pas, auquel cas nous devons restaurer les structures traditionnelles du pouvoir – par la violence, si nécessaire. Voilà pour le côté le plus libéral et progressiste de l'éventail politique.

Certaines voix se font entendre en dehors de l'éventail – je ne cherche pas à le nier. Par exemple, court l'idée que "les gens devraient avoir le droit de prendre part aux décisions, qui modifient souvent profondément leur mode de vie" et de ne pas voir leurs espérances "cruellement anéanties" dans un ordre mondial où "le pouvoir politique et financier est concentré", alors que les marchés financiers "fluctuent erratiquement" avec des conséquences dévastatrices pour les pauvres, que "les élections peuvent être manipulées" et que "les effets négatifs sur autrui sont considérés comme tout à fait accessoires" par les puissants. Ce sont là des citations de l'extrémiste radical du Vatican, dont le message annuel du nouvel an pourrait à peine être mentionné dans la presse nationale, et c'est une alternative qui n'est certainement pas à l'ordre du jour[1].

1. Cf. N. Chomsky, *Rogue States*, *op. cit.*, chap. 9, p. 111.

Pourquoi s'accorde-t-on si largement sur le fait qu'il est impossible de permettre aux Latino-Américains, et, en fait, à tout le reste du monde, d'exercer leur souveraineté, c'est-à-dire de prendre le contrôle de leurs vies ? Nous sommes là en présence de l'équivalent au niveau mondial de la peur de la démocratie sur le plan national. Cette question a d'ailleurs été soulevée fréquemment de manière très instructive, comme en gardent trace, en particulier, les archives du pays, auxquelles nous avons accès (quel libre pays – nous avons des archives riches en documents déclassés et ils sont très intéressants). Le leitmotiv qui les parcourt est illustré de manière frappante par un des événements qui fut les plus lourds de conséquences : la tenue en février 1945, à la demande des États-Unis, d'une conférence intercontinentale chargée d'imposer ce qui fut appelé la Charte économique des Amériques, l'une des pierres angulaires du monde de l'après-guerre, toujours bien en place. La Charte demandait la fin du "nationalisme économique (c'est-à-dire de la souveraineté) sous toutes ses formes". Les Latino-Américains devraient dorénavant éviter un développement industriel jugé "excessif", susceptible d'entrer en compétition avec les intérêts des États-

Unis ; ils pourraient toutefois accéder à “un développement complémentaire”. Ainsi le Brésil avait le droit de produire de l’acier à bas prix auquel les sociétés américaines ne s’intéressaient pas. Tout cela était indispensable “pour protéger nos ressources”, comme l’a dit George Kennan, même si cela nécessitait “des États policiers”.

Mais Washington rencontra un problème lorsqu’il s’agit de faire appliquer la Charte. À l’intérieur du ministère des Affaires étrangères, à l’époque, on expliqua clairement la situation : les Latino-Américains faisaient les mauvais choix. Ils demandaient “des politiques conçues pour parvenir à une distribution plus équitable des richesses et à élever le niveau de vie des masses”, et ils étaient “convaincus que le premier bénéficiaire du développement des ressources d’un pays devrait être le peuple de ce pays”, et non les investisseurs américains. Ceci est inacceptable, aussi ne peut-on permettre la souveraineté. La liberté d’accord, mais celle de faire les bons choix[1].

Ce message a été régulièrement et fortement réaffirmé un cas après l’autre jusqu’à nos jours.

1. Cf. N. Chomsky, *Turning the Tide*, South End Press, 1985, chap. 2 ; et *L’an 501*, Écosociété, 1995, chap. 2.

Je mentionnerai deux exemples. Le Guatemala a connu un bref interlude démocratique. Celui-ci s'acheva, comme vous le savez, par un coup d'État militaire américain, qui fut présenté au public comme une défense contre les Russes. Quoiqu'un peu farfelue, c'est l'histoire qui fut racontée. De façon interne, l'intervention militaire était envisagée différemment et la menace vue avec plus de réalisme. Voici comment : "Les programmes sociaux et économiques du gouvernement élu rencontraient les aspirations" des ouvriers et des paysans, "suscitaient leur adhésion et se conformaient à l'intérêt personnel de la plupart des Guatémaltèques politiquement conscients". Pire encore, le gouvernement du Guatemala était "devenu une menace grandissante pour la stabilité du Honduras et du Salvador. Sa réforme agraire est une arme de propagande puissante ; son vaste programme d'aide aux travailleurs et aux paysans dans une lutte victorieuse contre les classes les plus riches et les grandes entreprises étrangères exerce une forte attirance sur les populations voisines d'Amérique centrale où des conditions similaires prévalent."

Ainsi donc une solution militaire était nécessaire. Elle a duré quarante ans et a laissé la même culture de terreur que dans les pays d'Amérique Centrale voisins.

Il en va de même pour Cuba, autre exemple actuellement sous nos yeux. Quand les États-Unis prirent (secrètement) la décision de renverser le gouvernement cubain en 1960, le raisonnement était très similaire. Il fut explicité par l'historien Arthur Schlesinger, qui résuma le rapport d'une mission latino-américaine dans un document secret destiné au président Kennedy nouvellement élu. À en croire cette mission, la menace cubaine consistait en "la propagation de l'idée castriste de prendre son destin entre ses propres mains". C'est une maladie, expliquait Schlesinger, qui risquait d'infecter le reste de l'Amérique latine, où "les pauvres et les déshérités", c'est-à-dire presque tout le monde, "stimulés par l'exemple de la révolution cubaine, demandent maintenant des perspectives de vie décente". Il fallut donc faire quelque chose : vous connaissez la suite. Et la "Soviet connection" dans tout ça ? Le rapport l'évoque en ces termes : "Pendant ce temps, l'Union soviétique complote en coulisses, faisant miroiter de vastes prêts au développement, et se présentant comme le modèle à suivre pour réaliser la modernisation en une seule génération."

Voilà donc la menace : qu'ils prennent leurs vies entre leurs propres mains ; et il a fallu la détruire par le terrorisme et l'étranglement économique, qui continue de nos jours. Tout cela n'a rien à voir avec la Guerre Froide, comme c'est aujourd'hui devenu évident, même sans archives secrètes. Ce sont des considérations du même ordre qui ont conduit dans l'après-Guerre Froide à la rapide interruption de la brève expérience démocratique d'Haïti par les présidents Bush et Clinton, dans la continuité d'une longue tradition à l'égard de ce pays.

Les mêmes préoccupations sous-tendent les accords commerciaux, par exemple NAFTA (North American Free Trade Agreements). À l'époque, vous vous en souvenez, la propagande présentait la chose comme une aubaine merveilleuse pour les travailleurs des trois pays – le Canada, les États-Unis et le Mexique. Il n'en fut tout bonnement plus question peu de temps après, devant l'épreuve des faits. Et ce qui était patent depuis le début fut finalement reconnu publiquement. Il s'agissait "d'enfermer le Mexique dans les réformes" des années 80, les réformes qui avaient sévèrement réduit les salaires, et enrichi un petit secteur en même temps que les investisseurs étrangers. Les intérêts sous-jacents furent exprimés lors d'une conférence sur le développement stratégique latino-américain, en 1990. La conférence mettait en garde contre "une 'ouverture démocratique' au Mexique qui pourrait mettre à l'épreuve la relation privilégiée en amenant au pouvoir un gouvernement plus susceptible d'entrer en concurrence avec les États-Unis sur le terrain de l'économie ou plus regardant quant à son indépendance". Vous l'aurez remarqué on retrouve la même menace qu'en 1 et par la suite, endiguée, dans ce cas précis, en enfermant le Mexique dans les obligations du traité. Ces mêmes raisons se rencontrent invariablement tout au long d'un demi-siècle de torture et de terreur, et pas seulement dans l'hémisphère ouest ; elles sont également au cœur des accords sur les droits des investisseurs qu'impose cette forme particulière de mondialisation conçue par le nexus du pouvoir des entreprises s'appuyant sur l'État[1].

Revenons à ce que je vous avais demandé de laisser de côté, notre point de départ : la

1. Cf. Noam Chomsky, *Profit Over People*, Seven Stories Press, 1998, chap 4 ; et *Rogue States*, *op. cit.*, chap. 7, note 11 et texte.

question controversée de la liberté et des droits, et, partant, de la souveraineté, si tant est qu'elle soit une valeur. Appartiennent-ils, ces droits et cette liberté, à des personnes en chair et en os, ou seulement à de petits îlots de richesse et de privilèges ? Ou même à des constructions abstraites comme des sociétés, des montages financiers ou des États ? Durant le siècle qui vient de s'écouler, l'idée que de telles entités ont des droits spéciaux prévalant sur ceux des personnes a été très vigoureusement défendue. Les exemples les plus marquants en sont le bolchevisme, le fascisme et le pouvoir des entreprises [*corporatism*], qui est une forme de tyrannie privatisée. Deux de ces systèmes se sont effondrés. Le troisième est bien vivant et prospère sous la bannière TINA : il n'y a pas d'alternative au système émergeant de mercantilisme mis en place par les entreprises s'appuyant sur l'État et décliné à l'aide de différents mantras tels que mondialisation et libre échange.

Il y a un siècle, aux premiers stades de la "corporatisation" de l'Amérique, la discussion sur ces problèmes était tout à fait franche. Les conservateurs du siècle dernier dénonçaient le processus, décrivant cette "corporatisation" comme un "retour au féodalisme" et "une forme de communisme", analogie qui n'est pas complètement dénuée de fondement. On trouve les mêmes idées à l'origine des conceptions néo-hégéliennes sur les droits des entités organiques, avec la croyance dans la nécessité d'une administration centralisée pour réguler des systèmes chaotiques – comme les marchés, qui étaient alors complètement incontrôlables. Il ne faut pas oublier que dans la prétendue "économie de marché" d'aujourd'hui, une très grande part des transactions internationales (ce qu'on appelle, de façon erronée, le commerce), probablement près de 70 % d'entre elles, se déroule en fait en vase clos dans le cadre d'institutions centralisées, à l'intérieur d'entreprises et d'alliance d'entreprises, si l'on prend en compte la sous-traitance et les autres dispositifs administratifs. Sans parler de toutes les autres formes de distorsions extrêmes du marché.

La critique conservatrice – notez que j'utilise le terme "conservatrice" dans son sens traditionnel ; les conservateurs de ce genre ont presque tous disparu – la critique conservatrice, dis-je, rencontra un écho à l'extrémité démocrate-progressiste de l'éventail, notamment en la personne de John Dewey, le principal philosophe politique d'Amérique, dont les travaux portent principalement sur la démocratie. Il affirmait que les formes démocratiques gardent peu de substance quand "la vie du pays" (production, commerce, médias) est dominée par des tyrannies privées dans un système qu'il appelait "féodalisme industriel", où les travailleurs sont assujettis au contrôle de la direction, et où la politique devient "l'ombre jetée par les grandes entreprises sur la société"[1].

Il formulait là, notez-le, des idées qui étaient monnaie courante parmi les travailleurs bien des années plus tôt, comme je l'ai déjà indiqué. Et on pourrait en dire autant de son appel à l'éradication du féodalisme industriel et à son remplacement par une démocratie industrielle autogérée.

Fait intéressant, les intellectuels progressistes qui soutenaient le processus de "corporatisation" tombèrent plus ou moins d'accord avec cette description. Ainsi Woodrow Wilson, par exemple, écrivit que "la plupart des hommes sont au service de sociétés", qui représentent maintenant "la plus grande part des affaires

1. Cité par Robert Westbrook in *John Dewey and American Democracy*, Cornell Univ. Press, 1991.

de ce pays" dans "une Amérique très différente de l'ancien temps, ... qui n'est plus le théâtre de l'entreprise individuelle, des possibilités individuelle et de la réalisation individuelle" mais une nouvelle Amérique dans laquelle "de petits groupes d'hommes à la tête de grandes sociétés exercent le pouvoir et le contrôle sur la richesse et les affaires du pays", devenant "des rivaux du gouvernement lui-même" et sapant la souveraineté populaire, qui s'exerce dans le système politique démocratique[1].

J'attire votre attention sur le fait que cela fut écrit en soutien au processus. Wilson considère le processus comme regrettable, peut-être, mais nécessaire, répondant aux exigences du monde des affaires, en particulier après que les dysfonctionnements catastrophiques du marché dans les années précédentes eurent convaincu les hommes d'affaires et les intellectuels progressistes que celui-ci avait tout simplement besoin d'être administré et que les transactions financières devaient être régulées.

Des questions similaires, et même très similaires, se posent de nos jours de façon brûlante

1. Cité par Martin Sklar in *The Corporate Reconstruction of American Capitalism* 1890-1916, Cambridge Univ. Press, 1988, pp. 413-414.

dans l'arène internationale, avec la réforme de l'architecture financière et toutes ces sortes de choses. Il y a un siècle exactement, on a, après une bataille judiciaire forcenée, accordé aux sociétés les mêmes droits qu'aux personnes, ce qui représente une violation radicale des principes progressistes classiques. Les entreprises furent également relevées de l'obligation de s'en tenir aux activités spécifiques pour lesquelles elles étaient agréées. De plus, et ce fut un changement important, les tribunaux déplacèrent le pouvoir des mains des partenariats d'actionnaires dans celles de la direction centrale, qui s'identifiait à la personne immortelle de la société. Ceux d'entre vous à qui l'histoire du communisme est familière reconnaîtront que ce processus ressemble fort à celui qui se mettait en place à l'époque et avait été très tôt annoncé par les critiques de gauche, la gauche du marxisme et les critiques anarchistes du bolchevisme, des gens comme Rosa Luxembourg. Ceux-ci avertirent, dès le début, que l'idéologie centraliste allait ôter le pouvoir des mains des travailleurs pour le confier au parti, au comité central puis au chef suprême, ce qui ne manqua pas d'arriver après la conquête du pouvoir en 1917, qui vit la destruction immédiate de tout ce qui pouvait subsister des formes ou des principes socialistes. Les propagandistes des deux camps préfèrent une version différente des choses pour des raisons de convenance personnelle, mais je crois que celle-ci est conforme à la vérité.

Ces dernières années, on a accordé aux sociétés des droits qui dépassent largement ceux des personnes. D'après les règles de l'Organisation Mondiale du Commerce, les sociétés peuvent exiger ce qu'on appelle le droit au "traitement national". Cela signifie que la General Motors, si elle opère au Mexique, peut demander à être traitée comme une firme mexicaine. Aujourd'hui, c'est un droit que seules possèdent les personnes immortelles, non les êtres en chair et en os. Un Mexicain ne peut pas débarquer à New York, demander un traitement national et s'en trouver fort bien; les sociétés si.

D'autres règles stipulent que, dans la plupart des cas, les droits des investisseurs, des prêteurs et des spéculateurs doivent prévaloir sur ceux des simples personnes comme vous et moi, sapant ainsi la souveraineté populaire et diminuant d'autant les droits démocratiques. Les sociétés, vous le savez, ont quantité de manières d'intenter des procès, des actions contre les États souverains; ce qu'ont montré quelques exemples intéressants. Ainsi, le Guatemala, il y a quelques années, a cherché à réduire la mortalité infantile en régulant la vente de lait en poudre par les multinationales. Les mesures que proposait le pays étaient en conformité avec les recommandations de l'Organisation Mondiale de la Santé et elles s'en tenaient aux codes internationaux, mais la société Gerber cria à l'expropriation et la menace d'une plainte de l'Organisation Mondiale du Commerce suffit pour que le Guatemala se rétracte, craignant des mesures de rétorsion de la part des États-Unis.

La première plainte de ce genre s'appuyant sur les nouvelles règles de l'Organisation Mondiale du Commerce fut déposée contre les États-Unis par le Venezuela et le Brésil qui arguaient que les décrets de l'Agence de protection environnementale américaine (EPA) violaient leurs droits d'exportateurs de pétrole. Washington recula cette fois, lui aussi, soi-disant, par peur de sanctions, mais j'avoue que cette interprétation me laisse sceptique. Je ne crois pas que les États-Unis redoutent les sanctions commerciales du Venezuela et du Brésil. Il est plus probable que l'administration Clinton ne vit pas de raison impérieuse de défendre l'environnement et de protéger la santé publique.

Ces problèmes se posent de nos jours de façon très dramatique, et, pour tout dire, obscène. Des dizaines de millions de gens dans le monde meurent de maladies pourtant curables en raison des clauses protectionnistes inscrites dans les règlements de l'Organisation Mondiale du Commerce, qui accordent aux multinationales le droit de fixer les prix à la façon d'un monopole. Ainsi la Thaïlande et l'Afrique du Sud, pour ne citer qu'elles, possèdent des industries pharmaceutiques capables de produire des médicaments qui sauveraient des vies à une fraction du prix décrété par le monopole; mais, sous la menace de sanctions commerciales, elles n'osent pas le faire. En fait, en 1998, les États-Unis ont même menacé l'Organisation Mondiale de la Santé de lui retirer leurs fonds si elle faisait ne serait-ce que surveiller les effets des conditions commerciales sur la santé [1]. Il s'agit de menaces très réelles. Je parle de l'époque actuelle, vous n'avez qu'à ouvrir la presse de cette semaine.

Tout cela a pour nom "droit commercial". Qui n'a rien à voir avec le commerce. On a

1. Shawn Crispin, "Global Trade: New World Disorder", in *Far Eastern Economic Review*, 17 février 2000.

affaire à des pratiques de fixation des prix relevant du monopole, appliquées en vertu des mesures protectionnistes présentes dans ce qu'on appelle les accords de libre échange. Ces mesures sont conçues dans le but d'assurer les droits des entreprises. Naturellement, elles ont aussi pour effet de réduire la croissance et l'innovation. Et elles ne sont qu'une partie des règles introduites dans ces accords pour empêcher le développement et la croissance. Ce sont les droits des investisseurs qui sont en jeu, non le commerce. Et le commerce, bien sûr, n'a pas de valeur en soi. Il n'a de valeur que s'il accroît le bien-être humain, pas autrement.

En général, le principe de l'Organisation Mondiale du Commerce, le principe fondamental, et les traités qui ont pour charge de le faire appliquer, est que la souveraineté et les droits démocratiques doivent être subordonnés aux droits des investisseurs. En pratique cela signifie les droits des gigantesques personnes immortelles, les tyrannies privées auxquelles les gens doivent être asservis. Voici ce qui, en partie, a conduit aux événements remarquables de Seattle. Mais d'une certaine manière, de beaucoup de manières même, le conflit entre souveraineté populaire et pouvoir privé s'est trouvé éclairé plus crûment encore quelques mois après Seattle, il y a à peine quelques semaines de cela, à Montréal, où un accord ambigu fut conclu sur ce qu'on a appelé à cette occasion le "protocole de sécurité biologique". Le problème fut là très clairement posé. Pour citer le *New York Times*, "on trouva un compromis après d'intenses négociations qui opposèrent souvent les États-Unis à tous les autres", sur le prétendu "principe de précaution". De quoi s'agit-il ? Eh bien le négociateur en chef de l'Union européenne l'a défini ainsi : "Les pays doivent avoir la liberté, le droit souverain de prendre des mesures de précaution quant aux céréales, microbes, animaux, produits agricoles génétiquement modifiés, dont ils craignent qu'ils puissent être nocifs." Les États-Unis, cependant, mirent l'accent sur les règles de l'Organisation Mondiale du Commerce. Ces règles stipulent qu'une importation ne peut être interdite que sur la base de preuves scientifiques[1].

Saisissez bien ce qui est en jeu ici. La question qui se pose est de savoir si les gens ont le

1. Meeting de Montréal (première réunion extraordinaire de la conférence des participants à la convention des Nations unies sur la diversité biologique pour finaliser et adopter un protocole sur la sécurité biologique – Résumé

droit de refuser d'être des cobayes. Ainsi, pour personnaliser le problème, supposez que le département de biologie de l'université entre et vous dise : "Vous devez être les cobayes d'une expérience que nous menons, où nous allons, je ne sais pas, enfoncer des électrodes dans votre cerveau et voir ce qui se passe. Vous avez le droit de refuser, mais seulement si vous fournissez la preuve scientifique que cela va vous faire du mal." En général, vous ne pouvez produire la preuve scientifique. La question est : avez-vous le droit de refuser ? Selon les règles de l'Organisation Mondiale du Commerce, vous ne l'avez pas. Vous êtes obligés de faire les cobayes. C'est une forme de ce que Edward Herman, un économiste avec lequel j'ai cosigné des livres, appelle "la souveraineté du producteur[1]". Le producteur règne ; les consommateurs en sont réduits à se défendre comme ils peuvent. Ce système fonctionne aussi sur le plan national, ainsi qu'il l'a montré. Il n'est pas de la responsabilité,

de la Session), cf. Andrew Pollack, "130 Nations Agree on Safety Rules for Biotech Food", *New York Times*, 30 janv. 2000 ; Pollack, "Talks on Biotech Food Turn on a Safety Principle", *New York Times*, 28 janv. 2000.

1. Edward Herman, "Corporate Junk Science in the Media", *Z magazine*, janv. et fév. 1999.

mettons, des industries chimiques qui fabriquent des pesticides de démontrer, de prouver que les produits qu'ils répandent dans l'environnement sont sans danger. C'est au public qu'il revient de faire la preuve qu'ils sont nocifs, et il doit s'en remettre pour cela à des organismes publics désargentés, susceptibles d'être influencés par l'industrie à travers le lobbying et d'autres pressions.

C'est le problème qui s'est posé à Montréal, et une sorte d'accord ambigu a été conclu. Notez, pour être clair, que l'on ne débattait nullement des principes. Il suffit pour s'en convaincre d'examiner la distribution des rôles. Les États-Unis se tenaient d'un côté, soutenus par quelques autres pays ayant un intérêt dans la biotechnologie et l'exportation agricole de pointe, et de l'autre côté il y avait tous les autres – ceux qui n'attendaient pas de profit de l'affaire. Telle était la configuration, qui montre exactement quelle dose de principe était en jeu. Pour des raisons similaires, l'Union européenne est en faveur de tarifs élevés sur les produits agricoles, comme les États-Unis il y a quarante ans, mais plus maintenant – non pas que les principes aient changé ; c'est tout simplement le pouvoir qui a changé.

Il existe un principe prépondérant. Ce principe est que les puissants et les privilégiés doivent pouvoir faire ce qu'ils veulent (au nom, bien sûr, de nobles buts). Son corollaire est que la souveraineté et les droits démocratiques des gens doivent disparaître ; dans le cas que nous venons d'examiner – et c'est ce qui rend l'affaire si dramatique – il s'agit de leur répugnance à jouer le rôle de cobayes pour que des sociétés basées aux États-Unis puissent tirer profit de l'expérience. Il est bien naturel que les États-Unis fassent appel aux règles de l'Organisation Mondiale du Commerce, dans la mesure où ils ont codifié ce principe ; c'est le but même de la manœuvre.

Ces questions, bien qu'elles soient très concrètes et affectent un très grand nombre de personnes dans le monde, sont en fait secondaires par rapport à d'autres moyens mis en œuvre pour réduire la souveraineté au profit du pouvoir privé. Le plus important, je crois, fut certainement le démantèlement du système de Bretton Woods par les États-Unis, l'Angleterre, et d'autres au début des années 70. Ce système avait été conçu par les États-Unis et l'Angleterre dans les années 40. À cette époque les programmes d'aide sociale et les mesures démocratiques radicales bénéficiaient d'un soutien populaire écrasant. C'est en partie pour ces raisons que le système de Bretton Woods du milieu des années 40 réglementait les taux de change et permettait le contrôle des flux monétaires. L'idée était de mettre fin à la spéculation ruineuse et nocive et de restreindre la fuite des capitaux. Les raisons étaient bien comprises et clairement formulées – le libre flux des capitaux instaure ce qu'on appelle parfois un "parlement virtuel" du capital mondial, lequel a un pouvoir de veto sur les politiques gouvernementales qu'il juge irrationnelles. À savoir le droit du travail, les programmes d'éducation ou de santé, ou encore les efforts pour stimuler l'économie ; à vrai dire, tout ce qui est susceptible d'aider les gens, et non de favoriser les profits (et qui est donc irrationnel au sens technique).

Le système de Bretton Woods fonctionna tant bien que mal pendant vingt-cinq ans. Ce qui correspond à ce que beaucoup d'économistes appellent "l'âge d'or" du capitalisme moderne (du capitalisme d'État moderne, plus précisément). Cette période, qui court en gros jusqu'à 1970, fut une période historique sans précédent de croissance rapide de l'économie, du commerce, de la productivité, des investissements financiers, d'extension des mesures de protection sociale, un véritable âge d'or. La situation se renversa au début des années 70. Le système de Bretton Woods fut démantelé, avec la libéralisation des marchés financiers et les taux de change flottants.

La période qui suivit, et qui dure encore aujourd'hui, a souvent été décrite à juste titre comme un "âge de plomb". Le capital spéculatif à très court terme a connu une forte explosion, écrasant complètement l'économie productive. Une détérioration assez marquée a touché presque tous les domaines – croissance économique considérablement ralentie, croissance plus lente de la productivité et des investissements financiers, taux d'intérêts beaucoup plus élevés (ce qui ralentit la croissance), plus grande volatilité des marchés, le tout accompagné de crises financières. Toutes ces choses sont durement ressenties sur le plan humain, même dans les pays riches : salaires qui stagnent ou qui diminuent, augmentation importante des heures de travail, particulièrement frappante aux États-Unis, compression des services. Pour vous donner un exemple, dans la grande économie d'aujourd'hui dont il est tant question, le revenu médian des familles (à mi-chemin entre la tranche supérieure et la tranche inférieure) est redescendu aujourd'hui à son niveau de 1989, ce qui est bien inférieur à ce qu'il était dans les années 70. Cette période restera également comme celle du démantèlement des mesures sociales démocratiques qui avaient considérablement amélioré les conditions de vie. Et de façon générale, l'ordre international nouvellement imposé a offert un bien plus grand pouvoir de veto au "parlement virtuel" des investisseurs privés, entraînant un déclin notable de la démocratie et des droits souverains (ainsi qu'il était à prévoir), et une détérioration sensible de la santé sociale.

Si ces effets se font sentir dans les sociétés riches, ils sont une véritable catastrophe dans les sociétés plus pauvres. Ces problèmes ne connaissent pas de frontières, il ne s'agit donc pas de savoir si telle société est devenue plus riche et telle autre plus pauvre ; c'est lorsqu'on considère la population mondiale dans son ensemble qu'apparaissent des chiffres plus significatifs. Ainsi par exemple, pour reprendre des analyses récentes de la Banque mondiale, si l'on compare les revenus et les capitaux des 5 % les plus riches de la population mondiale à ceux des 5 % les plus pauvres, la proportion était de 78 pour 1 en 1988 et de 114 pour 1 en 1993 (ce sont là les chiffres disponibles les plus récents), et l'écart a indubitablement augmenté depuis. Les mêmes chiffres montrent que les 1 % les plus riches de la population mondiale ont à eux tout seuls les mêmes revenus que les 57 % les moins riches – deux milliards et demi d'individus[1].

Pour les pays riches, les choses ont été exposées très clairement par Barry Eichengreen, pour citer un économiste célèbre, dans son ouvrage de référence sur l'histoire du système monétaire international. Comme d'autres, il a remarqué – beaucoup de gens l'ont remarqué – que la phase actuelle de la mondialisation se rapproche en gros de la période précédant la Première Guerre mondiale. Cependant, des différences existent. Une de celles-ci, fondamentale, explique-t-il, est qu'à cette époque, la politique gouvernementale n'avait pas encore été “politisée” par “le suffrage mâle universel et l'émergence du syndicalisme et des partis travaillistes parlementaires”. C'est pourquoi les conséquences humaines désastreuses de la rigueur financière imposée par le parlement virtuel pouvaient être reportées sur le

1. D'après Branko Milanovic, économiste de la Banque mondiale, cité par Doug Henwood in *Left Business Observer*, n° 93, février 2000.

peuple. Mais on ne pouvait plus se permettre cette facilité dans l'ère plus démocratique qu'avait ouverte Bretton Woods en 1945 et au cours de laquelle on imposa “des limites à la mobilité des capitaux, plutôt que des limites à la démocratie de manière à se protéger des pressions du marché”.

Il y a un corollaire à tout cela. Il est bien dans l'ordre des choses que le démantèlement du système économique d'après-guerre s'accompagne d'une attaque importante contre la démocratie effective – liberté, souveraineté populaire et droits de l'homme – sous le slogan TINA (il n'y a pas d'alternative). On dirait une grossière caricature du marxisme. Ce slogan, inutile de le dire, n'est qu'une supercherie. L'ordre socio-économique particulier qu'on impose est le résultat de décisions humaines prises à l'intérieur d'institutions humaines. Les décisions peuvent être modifiées ; les institutions peuvent être changées. Si nécessaire, elles peuvent être renversées et remplacées, comme des gens honnêtes et courageux l'ont fait tout au long de l'histoire.

DANS LA MÊME COLLECTION

Anonyme, *À fleur de peau*
Anonyme, *Bhagavadgītā*
Anonyme, *Confession sexuelle d'un anonyme russe*
Anonyme, *Les Confessions d'un travesti*
Anonyme, *Coplas*
Anonyme, *Dirty Comics I*
Anonyme, *Dirty Comics II*
Anonyme, *L'École des filles I*
Anonyme, *L'École des filles II*
Anonyme, *La Fameuse Comédienne*
Anonyme, *Incitation à l'amour de Dieu*
Anonyme, *Journal d'un morphinomane*
Anonyme, *Manuel de défense civile*
Anonyme, *Rapport secret du Pentagone sur le changement climatique*
Anonyme, *Les Rêveries du toxicomane solitaire*
Anonyme, *Vivent les voleurs !*
Anonyme, *La Voie suprême selon le yoga tibétain*
Theodor W. Adorno, *Amorbach*
Theodor W. Adorno, *Le Caractère fétiche dans la musique*
Theodor W. Adorno, Max Horkheimer, *Kulturindustrie*
Al-Fârâbî, *La Philosophie de Platon*
Al-Fârâbî, *De l'obtention du bonheur*
Al-Kindi, *De Radiis*
René Alleau, *Alchimie*
Günther Anders, *Et si je suis désespéré, que voulez-vous que j'y fasse ?*
Günther Anders, *George Grosz*
Joanne Anton, *Le Découragement*
Joanne Anton, *Liège, oui*
Louis Aragon / Benjamin Péret / Man Ray, *1929*
Hannah Arendt, *Walter Benjamin 1892-1940*
Pierre Arétin, *L'Éducation de la Pippa*
Pierre Arétin, *Les Roueries des hommes*
Pierre Arétin, *La Ruffianerie*
Aristote, *Problème XXX*
Pierre Auriol, *La Fin du voyage*
Thérèse d'Avila, *Je vis mais sans vivre en moi-même*
Honoré de Balzac, *Sarrasine*
Georges Bataille, *La Mutilation sacrificielle et l'oreille coupée de Vincent Van Gogh*

Roberto Bazlen, *Trieste*
Bruce Bégout, *Zéropolis*
Bruce Bégout, *Lieu commun*
Bruce Bégout, *De la décence ordinaire*
Bruce Bégout, *Le ParK*
Hans Bellmer, *Petite Anatomie de l'image*
Walter Benjamin, *Petite Histoire de la photographie*
Walter Benjamin, *L'Œuvre d'art à l'époque de sa reproductibilité technique*
Walter Benjamin, *Paris, capitale du XIXe siècle*
Walter Benjamin, *Rue à sens unique*
Jeremy Bentham, *De la torture*
Olivier Benyahya, *Zimmer*
Michèle Bernstein, *Tous les chevaux du roi*
Gérard Berréby, *Joker & Mat*
Gérard Berréby, *Stations des profondeurs*
Rachel Bespaloff, *De l'Iliade*
David Bessis, *Sprats*
David Bessis, *Ars grammatica*
Burkhard Bilger, *À dada*
Jean François Billeter, *Chine trois fois muette*
Jean François Billeter, *Leçons sur Tchouang-tseu*
Jean François Billeter, *Contre François Jullien*
Jean François Billeter, *Notes sur Tchouang-tseu et la philosophie*
Jean François Billeter, *Un paradigme*
Jean François Billeter, *Lichtenberg*
Jean François Billeter, *Trois essais sur la traduction*
Jean François Billeter, *Esquisses*
Ernst Bloch, *L'Angoisse de l'ingénieur*
Marc Bloch, *Réflexions d'un historien sur les fausses nouvelles de la guerre*
Alexandre Blok, *Douze*
Marcel Body, *Les Groupes communistes français de Russie 1918-1921*
Jean-Jacques Bonvin, *Ballast*
Jean-Jacques Bonvin, *Larsen*
David Bosc, *Sang lié*
Jacques-Bénigne Bossuet, *Bernard, que prétends-tu dans le monde ?*
Grégoire Bouillier, *Rapport sur moi*
Grégoire Bouillier, *L'Invité mystère*
Michel Bounan, *Incitation à l'autodéfense*
Michel Bounan, *L'État retors*
Michel Bounan, *L'Art de Céline et son temps*
Michel Bounan, *L'Impensable, l'indicible, l'innommable*

Michel Bounan, *L'Or du temps*
Michel Bounan, *La Vie innommable*
Michel Bounan, *Sans valeur marchande*
Michel Bounan, *Logique du terrorisme*
Michel Bounan, *Le Temps du sida*
Hermann Broch, *Quelques remarques à propos du kitsch*
Thomas Browne, *Lettre à un ami*
Giordano Bruno, *De la magie*
Giordano Bruno, *Des liens*
Tina Bueno, *La Mer*
Lord Byron, *Caïn*
Lord Byron, *Manfred*
Lord Byron, *Poèmes*
John Cage, *Confessions d'un compositeur*
John Cage, *Rire et se taire*
Giulio Camillo, *Le Théâtre de la mémoire*
Dino Campana, *Chants orphiques*
Duncan Campbell, *Surveillance électronique planétaire*
Georges Canguilhem, *Vie et mort de Jean Cavaillès*
Bill Cardoso, *KO à la 8e reprise*
Giacomo Casanova, *Le Duel*
Giacomo Casanova, *Ma voisine, la postérité*
Giacomo Casanova, *Soliloque d'un penseur*
Giacomo Casanova, *Lana caprina*
Giacomo Casanova, *Histoire de ma fuite des prisons de Venise*
Éric Chauvier, *Anthropologie*
Éric Chauvier, *Contre Télérama*
Éric Chauvier, *Si l'enfant ne réagit pas*
Éric Chauvier, *Les Mots sans les choses*
Éric Chauvier, *Les Nouvelles Métropoles du désir*
Guillaume Chauvin, Rémi Hubert, *Aucun détour ne ment*
Victor Chklovski, *L'Art comme procédé*
Cicéron, *Sans la raison nous ne sommes que folie*
Anté Ciliga, *L'Insurrection de Cronstadt et la destinée de la Révolution russe*
Bernard de Clairvaux, *Qu'il me baise d'un baiser de sa bouche !*
Thomas Clerc, *Maurice Sachs le désœuvré*
Richard Cobb, *Marseille*
Jean Cocteau, *Le Cordon ombilical*
Nik Cohn, *Je suis toujours le plus grand dit Johnny Angelo*
Nik Cohn, *Soljas*
Samuel Taylor Coleridge, *Notebooks*

Colerus / Lucas, *Vies de Spinoza*
Bruno Corra, *Sam Dunn est mort*
Harry Crews, *Descente à Valdez*
Astolphe de Custine, *Résumé du voyage en Russie*
Cyber Trash Critic, *Je suis le peuple qui manque*
Arsène Darmesteter, *Le Talmud*
George H. Darwin, *L'Évolution dans le vêtement*
Mike Davis, *Au-delà de Blade Runner*
Giacomo Debenedetti, *16 octobre 1943*
Étienne-Jean Delécluze, *Le Mécanicien roi*
Thomas De Quincey, *Les Derniers Jours d'Emmanuel Kant*
Robert Desnos, *Jack l'Éventreur*
Denis Diderot, *Lettre historique et politique adressée à un magistrat sur le commerce de la librairie*
John Donne, *Paradoxes & problèmes*
Marc Downham, *Cyberpunk*
R.W. Emerson, *La Nature*
Friedrich Engels, *Esquisse d'une critique de l'économie politique*
Hans Magnus Enzensberger, *Les Rêveurs de l'absolu*
Mansour Fahmy, *La Condition de la femme dans l'islam*
Marsile Ficin, *Quid sit lumen*
Pavel Florenski, *Hamlet*
Hélène Frappat, *Sous réserve*
Hélène Frappat, *Par effraction*
Alexandre Friederich, *easyJet*
Alexandre Friederich, *Fordetroit*
Joseph Gabel, *Mensonge et maladie mentale*
Joseph Gabel, *La Réification*
Hans-Georg Gadamer, *Nietzsche l'Antipode*
Federico Garcia Lorca, *Complaintes gitanes*
Eugenio Garin, *Hermétisme et Renaissance*
Eugenio Garin, *Machiavel entre politique et histoire*
Roger Gilbert-Lecomte, *Monsieur Morphée*
Arnaldo Ginna, *Les Locomotives avec des chaussettes*
Goethe, *La Fête de saint Roch à Bingen*
Nicolas Gogol, *Le Nez*
David Grann, *The Yankee Comandante*
Pierre Hadot, *Éloge de la philosophie antique*
Pierre Hadot, *Éloge de Socrate*
J.B.S. Haldane & Bertrand Russell, *Dédale & Icare*
Raoul Hausmann, *Hourra! Hourra! Hourra!*

Raoul Hausmann, *Sensorialité excentrique*
Nathaniel Hawthorne, *L'Artiste du beau*
Nathaniel Hawthorne, *Le Hall de l'imagination*
William Hazlitt, *Du plaisir de haïr*
Werner Heisenberg, *Le Manuscrit de 1942*
Moshe Idel, *Les Kabbalistes de la nuit*
Wolfgang Iser, *L'Appel du texte*
Lars Iyer, *Nu dans ton bain face à l'abîme*
Ian Jack, *Klever Kaff*
Roman Jakobson, *La Génération qui a gaspillé ses poètes*
Hans Robert Jauss, *Petite Apologie de l'expérience esthétique*
Samuel Johnson, *Le Paresseux*
Paul Joostens, *Salopes*
Asger Jorn, *La Genèse naturelle*
Sören Kierkegaard, *Diapsalmata*
Jamie Lincoln Kitman, *L'Histoire secrète du plomb*
Pauline Klein, *Alice Kahn*
Pauline Klein, *Fermer l'œil de la nuit*
Kobayashi Takiji, *Le Bateau-usine*
Alexandre Koyré, *Réflexions sur le mensonge*
Alexandre Koyré, *La Cinquième Colonne*
Alexandre Koyré, *Paracelse*
Alfred Kubin, *Le Cabinet de curiosités*
Alfred Kubin, *Le Travail du dessinateur*
Alfred Kubin, *Ma vie*
Serge La Barbera, *Un sentiment d'imposture*
Serge La Barbera, *Microfilm 2mi354*
Serge La Barbera, *Le Syndrome de Salammbô*
Jean-Yves Lacroix, *Le Cure-dent*
Paul Lafargue, *Le Droit à la paresse*
Isidoro La Lumia, *Histoire de l'expulsion des Juifs de Sicile*
Tommaso Landolfi, *Les Deux Vieilles Filles*
W. S. Landor, *Conversation imaginaire entre Diogène et Platon*
Valery Larbaud, *Lettre d'Italie*
Hadrien Laroche, *Les Orphelins*
Arthur Larrue, *Partir en Guerre*
Laure, *Le Triste Privilège ou une vie de conte de fée*
Nathalie Léger, *Les Vies silencieuses de Samuel Beckett*
Michel Leiris, *Le Sacré dans la vie quotidienne*
Giacomo Leopardi, *"Adieu ma chère pillule"*
Giacomo Leopardi, *Discours sur l'état actuel des mœurs des Italiens*

Giacomo Leopardi, *Palinodie*
Giacomo Leopardi, *Pensées*
Giacomo Leopardi, *Huit Petites Œuvres morales inédites*
Giacomo Leopardi, *Journal du premier amour*
Giacomo Leopardi, *Tu ne sais donc pas que je suis un grand homme ?*
Jules Lequier, *Comment trouver, comment chercher une première vérité ?*
Emmanuel Le Roy Ladurie, *La Civilisation rurale*
Jean Levi, *Propos intempestifs sur le Tchouang-tseu*
Sylvain Lévi, *Génie de l'Inde*
Prince de Ligne, *Fragment sur Casanova*
Hélène Ling, *Lieux-dits*
Jack London, *Pour cent dollars de plus*
Pierre Louÿs, *Manuel de civilité pour les petites filles*
Pierre Louÿs, *Pybrac*
Malcolm Lowry, *Merci infiniment*
Leopoldo Lugones, *Des forces étranges*
Pierre Mabille, *Thérèse de Lisieux*
Maïmonide, *Lettre sur l'astrologie*
Kazimir Malévitch, *La Paresse comme vérité effective de l'homme*
Bronislaw Malinowski, *La Paternité dans la psychologie primitive*
Oscar Mandel, *Être ou ne pas être juif*
Ossip Mandelstam, *Nouveaux Poèmes 1930-1934*
Piero Manzoni, *Contre rien*
Greil Marcus, *Sly Stone, le mythe de Staggerlee*
Claire Marin, *Hors de moi*
Karl Marx, *Le Caractère fétiche de la marchandise et son secret*
Karl Marx, *Contribution à la critique de la philosophie du droit de Hegel*
Francesco Masci, *Superstitions*
Francesco Masci, *Entertainment !*
Francesco Masci, *L'Ordre règne à Berlin*
Guy de Maupassant, *Contes sur le suicide*
James McGuire & Piyo Rattansi, *Newton et la flûte de Pan*
Lorenzino de Médicis, *Apologie*
Herman Melville, *Bartleby*
Herman Melville, *Le Paradis des célibataires*
Franz Anton Mesmer, *Mémoire sur la découverte du magnétisme animal*
Henry Miller, *Lire aux cabinets*
Comte de Mirabeau, *Hic & Hec*
Valérie Mréjen, *L'Agrume*
Valérie Mréjen, *Mon Grand-père*
Valérie Mréjen, *Eau sauvage*

Robert Musil, *De la bêtise*
Friedrich Nietzsche, *Fragments posthumes sur l'éternel retour*
Friedrich Nietzsche, *La Vision dionysiaque du monde*
Friedrich Nietzsche, *Le Cas Wagner*
Friedrich Nietzsche, *Première Considération inactuelle*
Jean Norton Cru, *Du témoignage*
Novalis, *Le Monde doit être romantisé*
José Ortega y Gasset, *La Déshumanisation de l'art*
José Ortega y Gasset, *Le Mythe de l'homme derrière la technique*
José Ortega y Gasset, *L'Histoire comme système*
Patrik Ourednik, *Europeana. Une brève histoire du vingtième siècle*
Patrik Ourednik, *Instant propice, 1855*
Patrik Ourednik, *Le Silence aussi*
Patrik Ourednik, *Hier et après-demain*
Patrik Ourednik, *Histoire de France. † À notre chère disparue*
Franz Overbeck, *Souvenirs sur Friedrich Nietzsche*
Paillot de Montabert, *Dissertation sur les peintures du Moyen Âge*
Clément Pansaers, *L'Apologie de la paresse*
Clément Pansaers, *Bar Nicanor*
Clément Pansaers, *Le Pan pan au cul du nu nègre*
Kostas Papaioannou, *De la critique du ciel à la critique de la terre*
Kostas Papaioannou, *Hegel et Marx : l'interminable débat*
Lucius de Patras, *L'Âne*
Jean Paulhan, *Lettre à un jeune partisan*
Péchon de Ruby, *La Vie généreuse des Mercelots, Gueux et Bohémiens*
Joséphin Péladan, *De l'androgyne*
Francis Picabia, *Jésus-Christ Rastaquouère*
Edgar Allan Poe, *Marginalia*
Edgar Allan Poe, *Habitations imaginaires*
Edgar Allan Poe, *Le Joueur d'échecs de Maelzel*
Yan Pradeau, *Algèbre*
Dolores Prato, *Brûlures*
François Rabelais, *Traité de bon usage de vin*
H. R. Rabinowitz, *Kosher Humor*
Samson Raphaelson, *Amitié*
Paul-Ernest de Rattier, *Paris n'existe pas*
Jil de Rauc, *Théorie du crime parfait*
Félix Ravaisson, *De l'habitude*
Félix Ravaisson, *Testament philosophique*
Giuseppe Rensi, *Spinoza*
David Ricardo, *Valeur absolue et valeur d'échange*

Denys Ridrimont, *Lettre à Anne*
Aloïs Riegl, *Le Culte moderne des monuments*
Rainer Maria Rilke, *La Mélodie de l'amour et de la mort du cornette Christoph Rilke*
Rainer Maria Rilke, *Élégies de Duino*
Oliver Rohe, *Défaut d'origine*
Oliver Rohe, *Terrain vague*
Henri Rollin, *Une mystification mondiale*
Pio Rossi, *Dictionnaire du mensonge*
Bertrand Russell, *Éloge de l'oisiveté*
Luigi Russolo, *L'Art des bruits*
Han Ryner, *Petit Manuel individualiste*
Nelly Sachs, *Lettres en provenance de la nuit*
Sappho, *L'Égal des dieux*
Alberto Savinio, *L'Intensité dramatique de Leopardi*
Alberto Savinio, *Dix procès*
Meyer Schapiro, *La Nature de l'art abstrait*
Bertrand Schefer, *L'Âge d'or*
Alfred Schütz, *Don Quichotte et le problème de la réalité*
Alfred Schütz, *L'Étranger*
Kurt Schwitters, *Auguste Bolte*
Kurt Schwitters, *La Loterie du jardin zoologique*
Marcel Schwob, *Études sur l'argot français*
Marcel Schwob, *Le Livre de Monelle*
Marcel Schwob, *François Rabelais*
William Shakespeare, *Vénus et Adonis*
Georg Simmel, *Le Pauvre*
Georg Simmel, *Philosophie de la mode*
Georg Simmel, *Rome, Florence, Venise*
Sergio Solmi, *La Santé de Montaigne*
Boris Souvarine, *Sur Lénine, Trotsky et Staline*
Spinoza, *Traité de l'amendement de l'intellect*
Hilary Spurling, *La Grande Thérèse*
Robert Louis Stevenson, *Will du moulin*
Robert Louis Stevenson, *Une apologie des oisifs*
Robert Louis Stevenson, *Virginibus Puerisque*
Patrick Straram, *Les Bouteilles se couchent*
Leo Strauss, *Le Platon de Fârâbî*
Leo Strauss, *Sur une nouvelle interprétation de la philosophie politique de Platon*
Italo Svevo, *Sur James Joyce*

Karel Teige, *Le Marché de l'art*
Karel Teige, *Liquidation de l'art*
Boris Terk, *A voice is a person*
Stefan Themerson, *Les Aventures de Peddy Bottom*
Stefan Themerson, *Ouah! Ouah! ou Qui a tué Richard Wagner?*
Michael Thomas, Adrian Boot, *Babylon on a thin Wire*
François Tison, *Farcissures*
Alexis de Tocqueville, *Sur le paupérisme*
John Toland, *Clidophorus*
Tatiana Tolstoï, *Sur mon père*
Giuseppe Tomasi di Lampedusa, *Byron*
Giuseppe Tomasi di Lampedusa, *Shakespeare*
Giuseppe Tomasi di Lampedusa, *Stendhal*
Nick Tosches, *Confessions d'un chasseur d'opium*
Nick Tosches, *Réserve ta dernière danse pour Satan*
Élie Treese, *Ni ce qu'ils espèrent, ni ce qu'ils croient*
Miguel de Unamuno, *Comment se fait un roman*
Lope de Vega, *Soliloques amoureux d'une âme à Dieu*
Yvonne Verdier, *Le Petit Chaperon rouge dans la tradition orale*
Giambattista Vico, *Vici Vindiciae*
Giambattista Vico, *Vie de Giambattista Vico écrite par lui-même*
Jordi Vidal, *Résistance au chaos*
Jordi Vidal, *Servitude & simulacre*
Antonio Vieira, *Sermon du bon larron*
Alexandre Vvedenski, *Un sapin de Noël chez les Ivanov*
Wilhelm Waiblinger, *Vie, poésie et folie de Friedrich Hölderlin*
Lindsay Waters, *L'Éclipse du savoir*
Max Weber, *La Bourse*
Oscar Wilde, *La Ballade de la geôle de Reading*
Oscar Wilde, *Le Déclin du mensonge*
Johann Joachim Winckelmann, *Réflexions sur l'imitation des œuvres grecques en peinture et en sculpture*
Gerrard Winstanley, *L'Étendard déployé des vrais niveleurs*
Sarah Helen Whitman, *Edgar Poe et ses critiques*
Patrick Wotling, *La Pensée du sous-sol*
Frances A. Yates, *Science et tradition hermétique*
Yosef Hayim Yerushalmi, *Serviteurs des rois et non serviteurs des serviteurs*
Jan Zabrana, *Toute une vie*

ACHEVÉ D'IMPRIMER
DANS L'UNION EUROPÉENNE
POUR LE COMPTE DES ÉDITIONS ALLIA
EN NOVEMBRE 2016

ISBN : 978-2-84485-724-8
DÉPÔT LÉGAL : AOÛT 2013

1re ÉDITION : MARS 2001
13e ÉDITION : NOVEMBRE 2016